AF550653

Günter Pump

Das kleine Fehmarn-Buch

Rhino Westentaschen-Bibliothek
Band 79

Fehmarnbelt
OSTSEE
NSG Nördlicher Binnensee
Westermarkelsdorf
Grüner Brink
Niobe Denkmal
NSG Fastensee
Gammendorf
Fährhafen
Puttgarden
Bojendorf
Dänschendorf
Marienleuchte
Köppelbarg
Wallnau
Petersdorf
NSG Wallnau
Bannesdorf
Bisdorf
Sulsdorfer Wiek
Landkirchen
Flügge
Orth
Orther Reede
Lemkenhafen
Burg/F
Krummsteert
Albertsdorf
Burgstaaken
Binnensee
Burgtiefe
Staberhof
Strukkamphuk
Fehmarnsund
Wulfen
Fehmarnsund
Bundesstraße 207
Bahnstrecke Lübeck-Puttgarden
Ehemalige Inselbahn Fehmarn

Günter Pump

Das kleine Fehmarn-Buch

Trotz gewissenhafter Bearbeitung kann eine Haftung für den Inhalt nicht übernommen werden. Für aktuelle Ergänzungen und Anregungen ist der Verlag jederzeit dankbar.

Fotos: Günter Pump, Nordhastedt

Impressum

© 2020 RhinoVerlag Dr. Lutz Gebhardt & Söhne GmbH & Co. KG
Am Hang 27, 98693 Ilmenau
Tel.: 03677/46628-0, Fax 03677/46628-80
www.RhinoVerlag.de

Alle Rechte vorbehalten.
Nachdruck, Vervielfältigung und Verbreitung – auch von Teilen – bedürfen der ausdrücklichen Genehmigung des Verlages. Das gilt insbesondere für Übersetzungen, Mikroverfilmungen und die Einspeicherung und Verbreitung in elektronischen Systemen.

Titelbild: Fehmarnsundbrücke
Titelgestaltung: Jana Rogge, Weimar

1. Auflage 2020
ISBN: 978-3-95560-079-2

Inhaltsverzeichnis

Die waldarme, tellerflache Insel war früher von den Slawen (Wagrier) besiedelt und der Name der Insel geht aus „Vemere vermorje", auf slawisch „im Meer", zurück. Der dänische König Knud der Große führte das Christentum auf der Insel Fehmarn im Jahr 1022 ein und unterstellte die Insel dem Bistum Odense auf Fünen. Adam von Bremen, ein Kirchenhistoriker, erwähnt um 1075 die Insel mit der Bezeichnung „Fembre" als reiches Bauernland in seiner Hamburgischen Kirchengeschichte.

Das Siegel der Landschaft Fehmarn in der St.-Nikolai-Kirche.

Wahrscheinlich kam die Insel nach der Verdrängung der Slawen in der Mitte des 12. Jhs. unter dänische Herrschaft. Im Jahr 1202 gibt der dänische König Waldemar II. in einem Erdbuch 36 Dörfer und eine befestigte

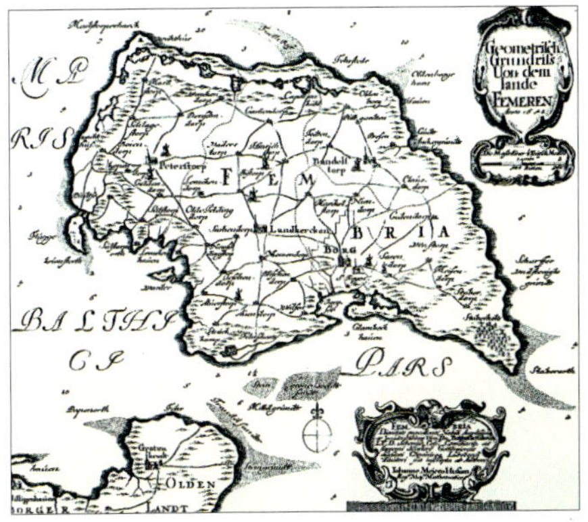

Grundriss der Insel Fehmarn im Jahr 1648.

Siedlung auf der Insel als seinen Besitz an. Später gab es viele Territorialkämpfe gegen die Grafen von Holstein und um die Kornkammer des hansischen Wirtschaftsraumes. Sie führten oft zu Verwüstungen und Besetzungen, z. B. wie die Eroberung des zum holsteinischen Lehen erklärten Fehmarns durch den Dänenkönig Erik VII. im Jahr 1420. Diese Besetzung dauerte jedoch nur vier Jahre, dann konnten die Holsten unter Führung von Graf Adolf VIII. die Insel zurück gewinnen. Der Schauenburger Fürst rief 1424 zur Neubesiedlung der fast menschenleeren Insel auf. Mit großen Steuerfreiheiten lockte er überwiegend Dithmarscher, Sachsen und Holsteiner auf die Insel.

Danach konnten die neuen Siedler stets einen hohen Grad an Eigenständigkeit und Unabhängigkeit bewahren. Das Land gehörte niemals dem Adel. Ein letztes adliges Gut wurde 1617 vom fehmarnschen Landesherr Fürst-

Blick über die Insel auf den Ortsteil Petersdorf und die Orther Reede.

bischof Herzog Johann Friedrich an „sämtliche Untertanen auf Fehmarn“ verkauft.
Im Dreißigjährigen Krieg (1618–1648) versuchten schwedische Truppen die Insel zu erobern, sie wurden von den Fehmarner im Kampf mit Unterstützung vom Dänenkönig Christian IV. besiegt. 1713 besetzte der dänische König Friedrich IV. im Großen Nordischen Krieg (1700–1721) die noch nicht ihm gehörigen Anteile von Schleswig, so auch die Insel Fehmarn. Erst am 15. März 1864 wurde nach einem kleinen Gefecht die Insel preußisch und so blieb es auch bis 1933.

Vieles auf Fehmarn hat einige Generationen überstanden. Es ist wohl eine Folge der jahrhundertelangen Abgeschiedenheit, die erst mit dem Bau der 963 m langen Fehmarnsundbrücke, im April 1963 zu Ende ging. Sie überspannt den 1340 m breiten Fehmarnsund. Die einzige schleswig-holsteinische Ostseeinsel ist 185 Quadratkilometer groß. Es leben auf der drittgrößten deutschen Ostseeinsel ungefähr 13.000 Menschen in 42 Dörfern und Ortschaften, davon etwa 6.000 in Burg. Im Sommer kommen noch einmal über 200.000 Feriengäste dazu, denn die Insel Fehmarn ist mit einer 78 Kilometer langen Küstenlinie umgeben und damit ein beliebtes Reiseziel. Mit ungefähr nur 110 Regentagen im Jahr wird diese Region am äußersten Zipfel des östlichen Schleswig-Holsteins immer mehr besucht. Wenn es doch einmal kein Strandwetter ist, sind viele schöne Naturschutzgebiete, Museen, alte Windmühlen, Leuchttürme, Häfen, ein Meereszentrum und vieles mehr an Ausflugszielen zu finden.
Seit dem 1. Januar 2003 bilden die Stadt Burg auf Fehmarn und die drei Landgemeinden

Bannesdorf, Landkirchen und Westfehmarn eine Verwaltungseinheit – die Stadt Fehmarn. Dadurch ist Fehmarn flächenmäßig die zweitgrößte Stadt in Schleswig-Holstein.

Der kleine Ort ALBERTSDORF liegt im Südwesten der Insel. Das Ortsbild wird geprägt von zwei Dorfteichen und den teils reetgedeckten Häusern, welche sich an der Hauptstraße aufreihen.
In der südlichen Hauptstraße befindet sich

Der Dodelstein in Albertsdorf diente früher als Markierung der Grundstücksgrenze.

ein großer Naturstein mit eingemeißelten Schriftzeichen. Es ist ein sogenannter Dodelstein, der früher die Grenzen eines Grundstücks markierte. Auf diesen Steinen waren meist die Hausmarken oder Erkennungszeichen des Eigentümer vorhanden. Auf diesem Stein ist auch eine Jahreszahl vorhanden. So wurden nicht nur Landesgrenzen, sondern auch die privaten Felder gekennzeichnet.

Das gut erhaltene etwa 5.500 Jahre alte Megalithgrab ALVERSTEIN (Alversteen) ist 2 x 3 m groß und besteht aus vier Trägersteinen und einem mächtigen Deckstein. Der Abschlussstein an der Schmalseite und die zwei Eintrittssteine sind nicht mehr vorhanden. Solche Gräber wurden in der Jungsteinzeit (etwa 3.500 v. Chr.) errichtet. Für den Bau wurde wahrscheinlich von den Siedlern, den frühesten Ackerbauern der Insel, mit geschliffenen Feuersteinbeilen der natürlich gewachsene Wald gerodet. In diesen Grabkammern gaben die sesshaften Siedler ihren Toten Keramikgefäße, Bernsteinschmuck und Steingeräte mit. Das sogenannte Hünengrab diente

Das vorgeschichtliche Großsteingrab wurde auf einer leichten Erhöhung nahe der Küste errichtet.

bis zum Jahr 1832, bevor der Leuchtturm Strukkamphuk gebaut wurde, auch als Seezeichen. Die Seite zum Fehmarnsund war weiß angestrichen und auf dem Deckstein leuchtete ein großes weißes Kreuz. Schon damals durfte die Anlage nicht verändert werden. Das Original-Megalithgrab steht seit 1979 unter Denkmalschutz.

B

Die schlichte St.-Johannis-Kirche in BANNESDORF wurde im mittleren 13. Jh. erbaut. Das Johannes dem Täufer geweihte Haus wird bereits 1290 in den Bis-

Die Logen einiger Bannesdorfer Familien.

tums-Annalen von Odense (DK) erwähnt. Die Kirche bestand ursprünglich aus behauenen und geschichteten Feldsteinen und wurde 1830, 1875 und 1876 restauriert. Die Südwand wurde 1875 erneuert. Westlich daran steht ein hölzerner Glockenturm von 1701. Er ist vierkantig, etwas konisch und hat einen achtseitigen Helm.

Im Inneren beeindruckt die lebhafte Farbgebung des Backsteinrots an den unteren Wandteilen. Zu der Ausmalung der Kirche gehören noch drei in Resten erhaltenen spät-

gotische Wandbilder: die Gregorsmesse – das sogenannte Ablassbild zeigt ein Bildnis des heiligen Hieronimus und vermutlich Augustinus (354–439) oder Ambrosius (339–397). Der ehemalige Rokoko-Hochaltar von 1777 mit seitlichen Säulen und Putten steht jetzt auf der Südseite.

Die Orgelempore aus dem 19. Jh. enthält noch ältere Brüstungsteile, mit Rundbögen und Ohrmuschelwerk aus der Zeit 1630/40.

Ein Gestühl ganz besonderer Art befindet sich im der frühgotischen Kirche, nämlich drei barocke Kirchenlogen mit den Hausmarken der

Das Gotteshaus in Bannesdorf.

alten Vetternschaften, die sich in Not und Tod, wie es hieß, gegenseitig unterstützten. Die sogenannten Hochstühle wurden im 18. Jh. errichtet, hier nahmen die Mitglieder bestimmter Bannesdorfer Familien beim Gottesdienst Platz. Diese drei miteinander verbundenen, emporenartigen Logen zieren Pilastern (Brüstungsfelder mit Auflagen). An den Schweifgiebeln befinden sich Doppelwappen und Monogramme. Die östlichen haben innen zwei Holzgewölbe, die mittlere ist ausgestattet mit einer Goldledertapete. Die Logen sind nur durch separate Eingänge in der Nordwand zugänglich.

Zum wertvollen Inventar gehört auch ein 1240 auf der schwedischen Insel Gotland angefertigtes kalksteinernes Taufbecken.

Als schönstes Dorf gilt BISDORF in der Mitte der Insel. Das im Waldemar-Erdbuch „villa episcopi“ genannte Dorf wird dort um 1230 als Geschenk an den Bischof von Odense auf Fünen erwähnt. Auf einen einstigen Bischofssitz weist auch der Flurname „Vogssoll“ hin. Einige Bodenfunde wie Pfeilspitzen und Flintsteinmesser zeigen, das dieser Ort schon früher besiedelt war.

Heimatforscher Peter Wiepert.

Der langjähriger Leiter des Fehmarn-Museums Burg Peter Wiepert wurde am 19. Juli 1890 in Bisdorf geboren.
Er war Landwirt, Schriftsteller und Heimatforscher. Das Museum in Burg trug bis 2014 seinen Namen.

Als Boyaenthorp wird 1231 erstmalig BOJENDORF erwähnt. Das Straßendorf im Wes-

Auch an der Burgruine Glambek erinnert eine Flutmarke an die Sturmflut.

ten Fehmarns und die umliegenden Felder liegen nur knapp über dem Meeresspiegel, daher kam es hier sehr oft zu Überschwemmungen. Bei der Sturmflut in der Nacht vom 12. auf den 13. November 1872, eine der schwersten bekannten Ostseesturmfluten, wurden viele der Häuser beschädigt und teilweise zerstört. Der höchste gemessene Scheitelwasserstand betrug etwa 2,7 m über Normalnull. Nach dieser Katastrophe wurde ein Deich zur Absicherung gebaut und in den Jahren 2002 und 2003 noch erhöht und erweitert.

Die Straßenmarktsiedlung Burg auf Fehmarn (04371/506-300) war von alters her durch die zentrale Lage und dem Hafen und Amtswohnsitz der Handelsmittelpunkt. Der Ort verdankt seinen Namen einer Burg, deren Reste man im späteren Stadtkern entdeckte.

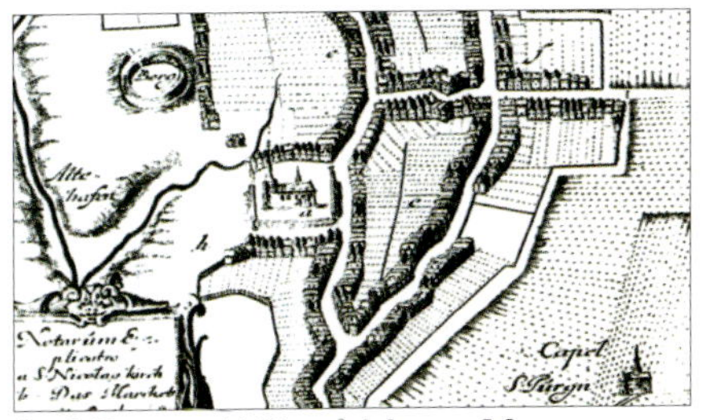

Stadt Burg um 1648 nach Johannes Meyer.

Um 1230 wird Burg als Ort genannt: „to der Borch uppe Vemeren" (Burg im Meer), nach einer wohl ursprünglich slawischen, später dann deutschen Befestigung. Sie lag in einer Niederung des Landgrabens nahe der Kirche und Schule. Inzwischen sind alle Überreste völlig zerstört. Die Burg entstand vermutlich am Anfang des 13. Jhs., kann aber auch älter gewesen sein. Sie diente wohl der Sicherung des natürlichen Wasserlaufs, über den der

Die Burg im Stadtwappen.

Das Rathaus der Stadt Fehmarn in Burg.

Ort mit dem Burger Binnensee und der Ostsee verbunden war. Durch diese Burg erhielt der Ort im Jahr 1329 das lübische Stadtrecht. Auf der Insel galt weiterhin als Grundlage des Rechtswesen das Fehmarnsche Landrecht von ca. 1320.

Durch den Hafen wurde der Ort zu einer wohlhabenden Handelsstadt. Mit der Versandung der schmalen schiffbaren Rinne („Hundegatt") im Jahr 1390 schwand die Bedeutung der kleinen Ortschaft. Dadurch

wurde bereits am Anfang des 15. Jhs. der verschlammte Hafen aufgegeben. Eine neue Hafenanlage wurde in den Jahren 1854 bis 1857 in Burgstaaken gebaut.
Eine Attraktion der Stadt ist das neue Rathaus. Das alte Fachwerk-Rathaus aus dem Jahr 1520 wurde 1899 abgerissen. Der heute romantisch anmutende, schlossartige Bau wurde nach Plänen des von Fehmarn stammenden Kieler Architekten Carl Voß erbaut und am 22. November 1901 eingeweiht. Mit seinen Haupt- und Seitenschiffen, Erkern und Türmchen, vielen Rund-, Stich und

Das Fehmarn-Museum an der Kirche.

Spitzbögen ist es eine schöne Mischung verschiedener Baustile.
Das Rathaus und der kopfsteingepflasterte Marktplatz werden umreiht von einer Lindenallee, dazu kommen moderne Geschäfte, Banken, Cafes und Restaurants für jeden Geschmack.
Gleich neben der St.-Nikolai-Kirche steht das Fehmarn-Museum. Es wurde 1897 von Dr. Reinecke und Lehrer Johann Voß in zwei Räumen der alten Stadtschule eingerichtet. Seit 1940 nach Einbeziehung des daneben

Das 1581 erbaute Pastoren-Witwen-Haus.

Das 1783 erbaute Senator-Thomsen-Haus wurde in den Jahren 1989 bis 1990 saniert.

gelegenen ehemaligen Organistenhauses durch Peter Wiepert auf 20 Räume erweitert. Das Heimatmuseum zeigt in den Räumen der zweigeschossigen Fachwerktraufenhäuser aus dem 17./18. Jh. – es sind die ältesten Bürgerhäuser der Stadt – u.a. die Stadtgeschichte und Geschichte der Landschaft Fehmarn.
In der Altstadt ist die malerische Häusergruppe, die zusammen mit den Ostteilen der Kirche eine Vorstellung von dem kleinstädtischen Charakter im 17./18. Jh. gibt, besonders schön. In der Nähe ein stattliches zweigeschossiges Schweifgiebelhaus mit bekrönenden Frontispiz (spätes 18. Jh.) und zwei zweigeschossigen Fachwerktraufenhäuser.

Im gemütlichen Zentrum der Inselhauptstadt mit ihren kopfsteingepflasterten Straßen gibt es eine Menge zu hören, zu sehen, zu essen, zu trinken und alles in allem herrscht ein geradezu südländisches Flair.

Um 1230 wurde vermutlich mit dem Bau der dreischiffigen BURGER ST.-NIKOLAI-KIRCHE in der Übergangszeit von der Romantik zur Gotik begonnen. Von außen sind die romanischen Bauelemente zu erkennen. Im 15. Jh. wurde das Gotteshaus im spätgotischen Stil

Der gotische Schnitzaltar in der Nikolai-Kirche.

vergrößert und schon 1505/06 um das Mittelschiff erweitert. Der Glockenturm wurde 1513 fertig gestellt und 1760 durch einen schweren Sturm zum Teil zerstört. Beim Neuaufbau im Jahr 1763 erhielt er eine spätbarocke Turmhaube mit achteckiger Laterne.

Die sechseckige Bronzetaufe von 1391.

Im Inneren des Gotteshauses zählt der auf einem Backsteinunterbau mit Stuckmensa ruhende spätgotische und teilweise vergoldete Flügelschrein (spätes 14. Jh.) und der Blasius-Altar (um 1480) zu den bedeutendsten Schätzen der Kirche. Daneben sind die holzgeschnitzten Heiligenfiguren aus dem 15./16. Jh. kunstgeschichtlich sehr bedeutend. Zur Ausstattung gehört u. a. auch eine pokalförmige gotländische Sandsteintaufe und eine 1391 gegossene sechseckige Bronzetaufe. Die Kuppa zieren Relieffiguren Mariens, der Taufe

Christi und der vier Evangelisten unter Maßwerkbögen. Am Fuß ruhen drei Löwen.
Die Orgel ist in Teilen eine Schöpfung des Orgelbaumeister Berendt Huß von 1662–64. Sie stand vorher in der Kirche zu Glückstadt und wurde nach 1940 in die Inselkirche versetzt. Huß war Arp Schnitgers Onkel und Lehrmeister.
Die weiß und rotlinige Ausmalung zeigt betonte Gurte und Lilien in den Gewölbekappen sowie spätgotische Rippen- und Gewölbezier und einige Figuren und Wappen. Der Bildhauer Jacob Carl Georg Matthiesen (1873–1952) versah das neue Gestühl im Jahr 1939 mit 110 fehmarnschen Wappen und Hausmarken an den Wangen.

Das BURGER ST.-JÜRGEN-STIFT wurde 1439 erstmals erwähnt. Die kleine Kapelle auf Findlingen wurde auf Anordnung des Holstengrafen Adolf VIII. gebaut, als der „Schwarze Tod“ viele Menschenleben kosteste. Die alte Burger Aussätzigen und Pestelaten Kapelle ist ein kleiner spätgotischer Backsteinsaalbau und hat im Inneren neben der zweidrittellebensgroßen St.-Jürgen-Gruppe (spätes 16. Jh.) eine bemerkenswerte Ausmalung. Eine Zierde der Kapelle ist der frühgotische Opferstock, der stand viele Jahre in der Bannesdorfer St.-Johannis-Kirche. Direkt an der Kirche befanden sich zwei „Siechenhäuser, die zeitweilig zur Aufnahme der Pestkranken dienten".

Die heutigen Backsteinhäuser wurden 1935 und 1950 als Ersatz für die beiden baufälligen Fachwerkhäuser aus dem Jahr 1702 gebaut. Auf dem Friedhof neben der Kapelle fanden bis 1923 noch Beerdigungen statt.

Das St.-Jürgen-Stift ist ein Backstein-Saalbau.

Auf der Nehrung vor dem Binnensee in BURGTIEFE wurden 1908 die Überreste der rechteckigen von einem Graben umgürteten Ruine Glambek mit Unterstützung der Besitzerin Klare Mackeprang von Gut Staberhof freigelegt. Es soll für die Zeit der Erbauung eine starke Burg gewesen sein. Im Jahr 1210 wurde die mächtige Backsteinfestung mit einer Breite von 35,80 m und einer Länge von 52,70 m und einer 4 m hohen Ringmauer vom dänischen König Waldemar II. (1170–

Die Ruinen der 1210 von dem Dänenkönig Waldemar II. erbauten Burg.

Erinnerungstafel an der Burger Kirche.

1241) für den residierenden dänischen Amtsmann errichtet. Sie lag strategisch gut auf der Halbinsel „gleboki" (Tiefe) mit dem im Burger Binnensee liegenden „Glambeks Hauvn" (Hafen). Sie wurde bis ins 16. Jh. genutzt. Große Zerstörungen ereilte die Insel 1420 durch den dänischen König Erik VII. (auch Erich der Pommer genannt). Rund 3.000 Söldner plünderten und verwüsteten Fehmarns Dörfer. Das Gemetzel überlebten nur wenige Einwohner. An diese Greueltat erinnert ein Gedenkstein an der Burger Kirche. Auf der „Fehmarnsches Memorial" genannten Platte steht in gotischer Minuskelschrift laut hochdeutscher Übersetzung: *Im Jahre 1420, da König Erich Fehmarn zerstörte, und 85 (Jahre) danach ward „das Chor" (der Chorraum)*

Die 55 m hohen „Türme" am Südstrand.

gebaut mit sechs „Kreuzgewölbekappen" und ein Jahr danach ward das Leichenhaus und (die) Garwekammer und (das) Orgelwerk und alles Gestühl vorgerichtet (bereitet) Hans Wold(r?) und Hans Gudemann waren die Vorsteher. Bitte Gott für sie und für alle Wohltäter!

Ab 1426 wurden die Reste der Burg ein Schlupfwinkel der seeräuberischen „Vitalienbrüder", die diese bis 1435 nutzten. In einem Kampf um die Insel 1628 wurde die Burg endgültig zerstört. Die Reste verschluckte der Flugsand. Erst am 13. November 1872 wurden Mauerreste von einer Sturmflut mit einer

Wasserhöhe von 3,86 m über NN wieder freigespült. Die Burg sorgte fast 400 Jahre für die Sicherheit der Insel und nun ist die Ruine wohl eines der ältesten Bauwerke in Schleswig-Holstein.

In BURGTIEFE-SÜDSTRAND befand sich bis in die 1960er-Jahre eine große Nehrung mit einem der feinsten Sandstrände und war bereits 1886 durch die schöne Lage Feriengästen bekannt. Jedoch sollte hier ein modernes Ostseeheilbad entstehen. Den öffentlichen Ideenwettbewerb im Jahr 1965 gewann der bedeutende dänische Designer und Architekt

Arne Jacobsen (1902–1971). In der flachen Landschaft lies die Architektengruppe drei Hochhäuser bauen. Sie stellen weit und breit die höchste Erhebung dar. Die Hochhäuser des IFA Fehmarn Hotel & Ferien-Centrums – das Haus Kopenhagen und Haus Berlin beherbergen ein Hotel, im dritten ist eine Klinik untergebracht – sind nicht zu übersehen.

C Im Campingparadies Fehmarn kann sich jeder einen passenden Platz aussuchen. Denn rund um die Insel liegen 18 CAMPINGPLÄTZE direkt an der Ostsee. Auf der Insel werden kleine, verträumte Plätze zwi-

Einer der vielen Campingplätze auf der Insel.

Erdholländer „Flinke Laura" wurde 1871 gebaut.

schen Rapsfeldern und Küste bis hin zum großen 5-Sterne-Platz teilweise mit Tauchschule und Surfschule oder einer Sauna mit Meerblick angeboten. So hat jeder Camper bei der Auswahl des Platzes allerdings die Qual der Wahl. Hier ist es egal ob mit Wohnwagen, Wohnmobil, Zelt oder Ferienhaus.

Sehenswert ist in DÄNSCHENDORF neben einigen Bauernhöfen aus dem 18. Jh. die mit Reet gedeckte Windmühle „Flinke Laura". Sie wurde 1871 für Julius Wiek erbaut und drehte mehr als neunzig

Jahre ihre Flügel. Heute dient sie jedoch ausschließlich zu Wohnzwecken und hat keine Flügel mehr. Die private Mühle erhebt sich am südlichen Rand des Dorfes unweit der Landstraße nach Petersdorf.

F

Die Freianlagen am Südstrand, die von Arne Jacobsen konzeptionell zusammen mit der Strandpromenade entwickelt wurden, haben sich stark verändert. Auch wenn die Schwimmhalle heute unter Denkmalschutz steht, die sympathische dänische Kargheit des Architekten hat offenbar bei den Insulanern und Urlaubsgästen wenig Gegenliebe gefunden.

Die „Mädchen am Südstrand", eine Bronzeskulptur von Karlheinz Goedtke, blicken auf die Ostsee hinaus.

Die Bade- und Wellnesswelt FEHMARE am Südstrand bietet auf mehr als 4.500 m² unterteilt auf drei Ebenen Badefreuden, Saunaer-

Die Ansicht des Meerwasserwellenbads wird durch das hoch aufragende Dach geprägt.

lebnis, Wellness- und Kosmetik-Anwendungen. Bei jedem Wetter kann man beim Baden entspannen, denn im Meerwasser-Wellenbad mit kräftigen Wellengang bleiben keine Wünsche offen. Wer beim Schwimmen die Ostseeluft schnuppern möchte, für den ist ein beheiztes Außenbecken vorhanden. Sogar eine 85 °C warme Panorama-Sauna und eine Dachsauna mit einmaligen Blick auf die Ostsee werden geboten. Neben dem Erlebnisbecken gibt es noch eine 70 m lange Röhrenrutsche. Für die Kleinen ist ein Becken mit Wasserspielzeugen und ein Wasserfall vorhanden.

Seit 1963 stellt die Fehmarnsundbrücke die Verbindung zum Festland her.

Der FEHMARNSUND, der die Insel vom Festland trennt ist etwa 8 km lang und an der schmalsten Stelle nur 800 m breit. Der Meeresarm zwischen der Kieler und Mecklenburger Bucht hat eine Wassertiefe zwischen 8 und 11 m. Bis zur Fertigstellung der Fehmarnsundbrücke im Jahre 1963 wurde der

Sund von einer Eisenbahnfähre mit Autotransport zwischen Großenbrode Fähre und dem Ort Fehmarnsund überquert.

Die imposante FEHMARNSUNDBRÜCKE ist 963,4 m lang und überspannt den 1.300 m breiten Fehmarnsund. Die Hauptöffnung ist 248,4 m breit und hat eine lichte Höhe von 23 m über dem Mittelwasser. Der Brückenbogen hat eine Höhe von 70 m. Für den Ver-

Bei Sturm wird die Brücke für hohe windempfindliche Fahrzeuge gesperrt.

kehr auf der 21 m breiten Brücke ist Platz auf einer zweispurigen Fahrbahn, einem Gehweg und auf der 6 m breiten Schienenspur der deutschen Bahn. Die elegant geschwungene Brücke (im Volksmund „Kleiderbügel") ist wohl eines der bekanntesten und meistfotografiertesten technischen Bauwerke Schleswig-Holsteins. Die kombinierte Eisenbahn- und Straßenbrücke: die sogenannte Vogelfluglinie. Sie wird so genannt, weil sie die Route der Zugvögel nachvollzieht. Nach der Freigabe der Brücke wurde auch der 69 km

lange Fährverkehr von Großenbrode nach Gedser auf Falster durch eine neue Fährlinie von Puttgarden nach Rødby ersetzt.
Bei sehr starkem Sturm im Winterhalbjahr kann es vorkommen, dass die Brücke für große und hohe Fahrzeuge komplett gesperrt wird. In ganz seltenen Fällen darf niemand mehr über die Brücke fahren, dann ist Fehmarn vorübergehend wieder eine richtige Insel.

Der Leuchtturm an der Südwesthuk in FLÜGGE wurde 1870/72 gebaut. Vor dem Bau des nur 16 m hohen Leuchtturms stand hier

Blick von der Aussichtsplattform des Leuchtturms auf das Flügger Watt.

Der Leuchtturm Flügge ist der höchste auf der Insel.

ein markantes Hagedorngehölz, das den Seefahrern als Landmarke diente, um die Untiefen „Flügger Sand“ und „Breiter Barg“ zu umschiffen. Nach dem Bau war der Turm anfangs gelb und ab 1892 hellrot mit einem zinnoberroten Streifen unter der Laterne. Ab 1916 übernahm ein mehr als doppelt so hoher Turm mit dem Unterfeuerturm in Strukkamphuk die Sicherung der schmalen Feh-

marnsund-Fahrrinne im östlichen Teil des Sundes. Auch dieser neue 37,5 m hohe Turm war zunächst gelb mit einer roten Laterne. Von 1976 bis 2009 war der Turm mit rot-weißen Kunststoffplatten umkleidet. Nun ist er wieder in seiner ursprünglichen Backsteinoptik zu sehen.

Der hohe Leuchtturm ist ein beliebtes Ausflugsziel, denn wer über die 162 Stufen zur Aussichtsplattform gelangt, hat eine gute Rundumsicht.

Der Jimi Hendrix Gedenkstein am Flügger Strand.

Im September 1970 hatte der amerikanische Stargitarristen Jimi Hendrix auf einer Wiese hinter dem FLÜGGER STRAND seinen letzten öffentlichen Auftritt vor etwa 25.000 Hippies bei einem chaotischen „Love-and-Peace-Festival". Trotz guter Wettervorhersage regnete es und stürmte es an allen drei Tagen und trotzdem blieben die Fans, die in ihren selbst aufgebauten Zelten campierten. Neben dem Superstar sollten weitere internationale Stars

auftreten. Es gab zwar Waschräume und Toiletten und Verpflegung auf dem matschigen Acker, aber von allem gab es zu wenig auf dem Gelände.
Immer wenn eine der bekannten Gruppen auftrat, war die Stimmung gut, jedoch brach danach wieder Chaos aus. Jimi Hendrix kam trotz des Regens tatsächlich und spielte am Sonntag. Nach diesem Höhepunkt, der von allen sehnlichst erwartet wurde, lief durch einige Falschmeldungen den Organisatoren und den Ordnungskräften das Fest aus dem Ruder. Das Festival wurde vorzeitig abgebrochen als einige Zelte von den verägerten Besuchern in Brand gesteckt wurden. Nach seinem Auftritt verließ Hendrix sofort die Insel und reiste nach London. Er starb nur 12 Tage nach dem Fehmarner Auftritt. Zur Erinnerung an das einmalige Festival steht ein Findling hinter dem Deich.

Das Naturschutzgebiet GRÜNER BRINK ist eine alte Strandwall-Landschaft (134 ha) mit vielen moorigen Senken und brackigen Strandseen. Dieser Landstreifen entstand erst durch den Deichbau 1872 nach der Sturmflut. Dadurch veränderten sich die Strömungsverhältnisse der Ostsee und es wurde an dieser Stelle immer mehr Sand und Geröll angespült. Das Naturschutzgebiet liegt im Norden der Insel und beginnt westlich vom Fährhafen Puttgarden und reicht bis zum Niobe-Denkmal.

Die Landschaft ist hier durch Sand- und Kieshaken gekennzeichnet und weist kleine Salzsümpfe und brackige Seen auf, weil bei

---

Naturschutzgebiet Grüner Brink.

Ostseehochwasser noch salziges Meerwasser in die kleinen Tümpel fließen kann. Dieses Gebiet wurde 1938 unter Naturschutz gestellt, da hier wegen des geringen geologischen Alters und der noch heute stattfindenden Veränderung, auch die Entstehung und Entwicklung von Pflanzengesellschaften der Ostseeküste beobachtet werden kann.

Die Strandwall- und Dünenflora, die Strandheidebestände, die Salzwiesen und der Trockenrasen sowie das Vorkommen besonderer

Die Fluss-Seeschwalben brüten in den Salzwiesen.

Pflanzenarten sind ebenso Schutzgrund wie die Bedeutung als Brutplatz seltener Vögel und Rastraum zahlreicher Zugvogelarten.

Im Landschaftsschutzgebiet liegt das GUT STABERHOF. Im Jahr 1748 erwarb der Fehmarner Jacob Mackeprang vom dänischen König Friedrich V. die Ländereien. Dieses Gebiet nutzten die Gäste des Königshauses als Jagdgebiet, denn hier liegt und lag der einzige etwa 5,5 ha große Eichen- und Buchenwald auf der Insel. Der Erwerb dieses Wäldchens bildete eine Ausnahme, denn ei-

gentlich war dem Adel seit 1617 jeglicher Landbesitz auf der Insel nicht mehr erlaubt. Mackeprangs Sohn übernahm das Gut 1752 und lies die ersten Gebäude errichten. Das Fachwerkhaus hinter der Weizenscheune könnte noch aus dieser Zeit stammen.
Wer das zweigeschossige, im spätklassizistischen Stil errichtete Herrenhaus aus sandfarbenen Backsteinen und die bekannte Torscheune mit dem Barockgiebel erbaute, lässt sich nicht genau feststellen, weil um 1830 die Besitzer mehrmals wechselten.

Der einzige Wald der Insel am Gut Staberhof.

In den Morgenstunden gibt es im Hafen Burgstaaken frischen Fisch direkt vom Kutter.

Hafen Burgstaaken

Im Süden der Insel schneidet die Ostsee etwa 2 km tief und 3 km breit in das Land ein und bildet den Binnensee. Hier wurde der HAFEN BURGSTAAKEN 1778 als kleiner Bootshafen „op Borchstaken" erstmals erwähnt. Diese kleine Anlegestelle wurde durch die Versandung der Zufahrt zum Burger Hafen immer wichtiger. Immer wieder wurde versucht die Nehrungsdurchfahrt

durch sogenannte „Ballastgraber“ wieder zu vertiefen, aber es gelang immer nur für kurze Zeit. Teilweise wurde die Fracht mit kleinen Booten zu den Schiffen, die im tiefen Wasser ankerten, gerudert und mühsam verladen.

In den Jahren von 1854 bis 1857 wurde der alte Burger Hafen aufgegeben. In Burgstaaken wurde die Vertiefung der Fahrrinne mit einem Wasserbagger begonnen. Zusätzlich wurden seitlich Bollwerke gegen eine neue Versandung erbaut. Weitere Ausbaggerungen

Der Hafen mit den Getreidesilos.

wurden von 1869 bis 1881 unternommen, so hatte das Hafenbecken bald eine Größe von 93 x 25 m und eine Wassertiefe von 2,5 m. Als der Hafen im Jahr 1904 eine Eisenbahnverbindung erhielt, hatte der ehemalige Bootshafen schon eine Größe von 124 m Länge und 36 m Breite. Erst 1975 erfolgte ein weitere Ausbau um mehr Platz für die immer größer werdenden Schiffe zu haben.

Seit der Schließung des Burger Hafens wurde das Getreide (etwa 55.000 t) der einheimischen Bauern in Burgstaaken auf die Frachter nach England und Norwegen verladen.

Auch die Fischer hatten nun einen sturmsicheren Schutzhafen. Bis heute werden hier im

Jahr durchschnittlich 1.400 t Fisch von den Fischern der 1949 gegründeten Fischergenossenschaft angelandet.
Ein Teil der frischen Fänge wird täglich direkt vom Kutter verkauft.

In der Nähe vom Katharinenhof befindet sich die höchste natürliche Erhebung der Insel, der HINRICHSBERG. Auf dem „Berg“ mit einer Höhe von 27,9 m ist noch eines der letzten fehmarnschen Steinkammergräber vorhanden. Es soll sich um eines der wenigen unzerstörten Großsteingräber handeln. Man sieht noch einen langovalen Hügel mit abge-

Das Bodendenkmal auf dem Hinrichsberg.

setzten Kanten und Resten von zwei Steinkammern aus mehreren großen Findlingen. In Staberdorf gibt es zwar noch eine Straße „An Hinrichsbarg“, aber keinen weiteren Hinweis auf das Bodendenkmal. Von dieser Straße kommt man auf einen Wirtschaftsweg, von dem sieht man linker Hand den „Gipfel der Insel“ sieht. Inmitten des großen Feldes liegt hinter Büschen in fast unzugänglicher Lage das Bodendenkmal.
Ganz in der Nähe befindet sich ein weiteres Bodendenkmal, die „Vitzbyer Steenkist“ (Vitzdorfer Steinkiste). Hier kann man jedoch nur erahnen, wie das Steingrabmal ausgesehen hat. Auf einem kleinen Hügel liegen noch Reste einer Steinkammer mit großen Trägersteinen, die jedoch nicht mehr ihre ursprüngliche Lage haben.

I Auch am Hafen von Orth sind noch die alten Schienen der INSELBAHN FEHMARN im groben Kopfsteinpflaster vorhanden. Hier war der Kopfbahnhof der 21 km langen fehmarnschen Eisenbahn. Die Bahn wurde 1904 von Fehmarnsund unter

Noch erhalten, die Schienen der Inselbahn in Orth.

Durchschneidung des Wulfener Berges über Burg, Landkirchen, Altjellingsdorf, Lemkendorf, Petersdorf bis zum Orther Hafen gebaut. Die Eröffnungsfeier der Bahn fand am 7. September 1905 statt und mit der Eröffnung der Fehmarnsundbrücke 1963 wurde der Betrieb nach und nach eingestellt.

J

Der JAKOBSWEG (Via Scandinavica) beginnt für die Pilger aus Skandinavien durch Deutschland am Fährhafen Puttgarden. Schon seit dem 12. Jh. ist überliefert, dass die Pilger über den Belt kamen. Fischer ermöglichten gegen einen Fährpreis das Übersetzen von der dänischen Insel Lolland nach Fehmarn. Die ankommenden Wallfahrer hatten dann oft eine stürmische Seefahrt überstanden. Sie dankten ihrem Herrgott und gaben ein Dankopfer in das Türchen eines eichernen Opferstocks, der vor der Peter und Paul Kapelle am Strand stand. Bevor sie sich über die Insel auf den 2366 km langen Weg zum Grab von Jakobus dem Älteren in Santiago de Compostela machten. Heute hilft eine stilisierte Jakobsmuschel in gelb auf blauen Grund am Wegesrand der Orientierung. Zuerst führt der Weg an der „Felsenkirche" Peter und Paul vorbei, die leider heute nicht mehr steht. An deren vermuteter Stelle befindet sich heute ein kleines Kapellchen, das auch als Wetterschutzhütte dient. Dann geht es weiter über Petersdorf, Bannesdorf, Landkirchen und Burg zur Fehmarnsundbrücke.

Skulptur bei Puttgarden am Anfang des Pilgerwegs.

Es sieht wie eine kleine Kapelle aus, hier in der „Wetterschutzhütte" gibt es den Pilgerstempel.

K

Das ehemalige Gut KATHARINENHOF ist eine große, axialsymmetrische Anlage mit einer langen Zufahrtsallee. Durch eine Aufteilung des Gutshofes im Jahr 1920 entstand aus mehreren kleinen Ansiedlungen ein Straßendorf, das eigentlich keinen Dorfkern hat, sondern aus nur weit verstreuten Häusern und kleinen Höfen besteht.

In der Gegend um den Leuchtturm Staberhuk, der in die Kunstgeschichte eingegangen ist, hat der „Brücke"-Maler ERNST LUDWIG KIRCHNER (1880–1938) gewirkt. Kirchner war einer der Gründer der avantgardistischen Künstlergruppe „Die Brücke“, die als Wegbereiter des Expressionismus gilt. Der Künstler kam 1908 zum ersten Mal per Schiff auf die Insel, besuchte dann in den Sommermonaten bis 1914 öfter die Insel und wohnte beim Leuchtturmwärter vom Staberhuk. Von seiner Begeisterung für die bis dahin künstlerisch kaum gewürdigte Ostseeinsel zeugen seine vielen Bilder von der Bucht bei Staber-

Die Barockscheune auf Gut Staberhof.

Der Köppelbarg bei Petersdorf.

huk mit und ohne Leuchtturm, vom Strand oder der Landschaft.
Wissenswertes über das Schaffen des Malers Kirchner wird in Burg in einer Ausstellung gezeigt.

Der KÖPPELBARG ist die alte Richtstätte der Insel. Hier wurde zuletzt am 27. Januar 1854 der „streunende Arbeiter“ Claus Hinrik Bohnensack im Beisein von hunderten Gaffern auf dem Galgenberg (ein vorgeschichtlicher Grabhügel) hingerichtet. Er hatte in einer Satjendorfer Scheune den Richter Paul Wohler mit einem Häckselmesser ermordet.

An der Straße von Burg nach Landkirchen befindet sich etwas abseits das Denkmal KRIEGSSOLL. Es erinnert an die Schlacht zwischen den Schweden und Dänen im Jahr 1644 im Rahmen des Dreißigjährigen Krieges.

Eine Inselspezialität sind die KRÖPEL. Den Namen erhielten sie, weil sie meistens krüppelig und nicht rund sind. Früher wurden die kleinen in Fett gebackenen Hefekugeln während der Weizenernte an die Erntehelfer verteilt. Heute gibt es sogar das Fehmarnsche Kröpelfest am Dorfteich in Petersdorf und beim Erntefest in Meeschendorf riecht es dann auch nach frischem Kröpel.

Die Strandwall Halbinsel KRUMMSTEERT darf weder von Land noch vom Wasser aus betreten werden. Der Krummsteert (plattdeutsch für „krummer Schwanz") ist ein natürlich wachsender Nehrungshaken, der aus Strandwällen und niedrigen Dünen besteht. Auch in der Gegenwart erhält er an seiner Außenkante zur freien Ostsee noch Materialnachschub von der untermeerischen Abra-

Die Strandwall Halbinsel Krummsteert.

sionsfläche, die der Insel Fehmarn im Westen vorgelagert ist. Der Nehrungshaken wächst weiterhin nach Südosten, so wuchs dieser in den letzten Jahrzehnten um etwa 1 km, wodurch sich die Orther Bucht immer weiter schließt. Einige Landzungen laufen sanft in die Bucht aus. Das Südwestufer mit den höheren Strandwällen und Dünen wird nur noch sehr selten überflutet.

An der südwestlichen Außenkante gibt es reichlich Strandanwurf aus Brauntang, Rotalgen und Seegras. Hier bildet sich ein nährstoffreiches Substrat, das von den ersten Pionieren unter den Landpflanzen, wie Spießblättrige Melde, der Strand-Kamille u. a. besiedelt wird.

Die Spitze des Krummsteert und die anderen nach Osten wachsenden Nehrungshaken sind ständigen Umlagerungen unterworfen, so dass sich dort noch keine Dünenvegetation langfristig halten kann.

L In der Kirche in LANDKIRCHEN steht der Landesblock, eine schwere roh behauene Eichentruhe, sie wurde wohl nur aus einem Stamm gefertigt. Dieser „Holztresor" hat drei Schlösser und für jedes Schloss passte ein anderer Schlüssel. So konnten immer nur drei Personen gemeinsam die Lade aus dem

Der alte Landesblock in der Kirche.

14. Jh. öffnen. In der Truhe lagen bis 1867 die Satzungen und Urkunden der Fehmarnschen Landesversammlung. Nur für die etwa 100 Abgesandten aller Kirchspiele wurde die alte Eichentruhe geöffnet.
Landkichen, der alte Mittelpunkt der Insel entstand um 1234, besitzt mit seiner Kirche ein bedeutendes Bau- und Kunstdenkmal. Die bemerkenswerte dreischiffige und 37 m lange, gotische Backstein-Hallenkirche besteht aus einem frühgotischen Kernbau aus dem mittleren 13. Jh. in Gestalt eines Hallenlanghauses. Der Bau ist in den Abmessungen und Einzelformen der Kirche in Burg ähnlich, sie unterscheidet sich aber durch die in spätgotischer Zeit angefügte Kapelle.
1715 wurde der hölzerne Altar von Georg Friedrich Brusewind geschaffen. Er hat einen spätgotischen Altaraufsatz (um 1380) und unten ist ein kleines Abendmahlsbild.
Die Kanzel (1727) mit dem reichen Schmuck verrät lübischen Einfluss. Prächtige Epitaphien aus dem 16./17. und 18. Jh. sind an den Pfeilern und Wänden zu sehen.
Die wohlhabenden Bauern ließen sich im 18.

Jh. sechs hochgesetzte, reich ausgestattete Logen errichten.

Die stattliche spätbarocke Taufanlage (1735) besteht aus einem achteckigen Postament mit hölzerner Einfassung und in Gold und Silber prangenden Reliefs darin. Über dem steinernen Taufbecken ist ein hölzerner Taufdeckel mit bekrönender Engelsfigur, mit einer Stiftungsinschrift einer Catharina Mackeprang.

Von 1735 stammt die pokalförmige Taufe im achtseitigen, reich beschnitzten Schrankenwerkes.

Gestühl der Mackeprang-Wittschen Vetternschaft aus dem Jahr 1580.

Die lederbezogenen Stühle auf der Südseite fallen besonders ins Auge. Es ist das Gestühl der Mackeprang-Wittschen Vetternschaft aus dem Jahr 1580. Eingearbeitet in den Rückenlehnen sind die Wappen der Familien.
Ein Votivschiff in der Kirche fällt besonders auf. Es ist eine der ältesten Nachbildungen eines nachweisbaren Schiffstyp, ein rahgetakelter „Lübscher Dreimaster" von 1617. Das Kriegsschiff-Modell mit 32 Kanonen auf zwei Batteriedecks ist etwa 1 m lang.

Die Betschemel aus dem 17. und 18. Jh. auf einem Gestell in der Kirche von Landkirchen erinnern noch an die Zeit als nur wenige der

Auf einem Gestell ruhen die Betschemel in der Kirche.

Bewohner auf der Insel lesen und schreiben konnten. Auf diesen Holzschemeln in der Größe einer Fußbank wurde neben dem Namen auch die Hausmarke eingeritzt. Viele der über 200 bekannten Hausmarken erinnern an germanische Runen. Jede Familie besaß ein Zeichen, das auf den Grenzsteinen und dem Eigentum angebracht wurde. Jahrhundertelang ersetzten diese besonderen Zeichen auch die Unterschrift. Ein schweres Verbrechen war eine Fälschung des Familienzeichens. Heute sind diese Betschemel nur noch schöne Erinnerungsstücke.

Um 1700 gehörte LEMKENHAFEN wohl zu den reichsten Orten auf der Insel. Geprägt wurde die Ansiedlung von dem Kaufmann und Reeder Joachim Rahlff (1756–1830). Er sorgte mit seinem Getreidehandel für den größten Warenumschlag Fehmarns hier im Hafen. Es wurden etwa 62.000 t Getreide auf die Schiffe verladen, außerdem wurde noch mit Holz gehandelt, das oft in Skandinavien eingekauft wurde. Heute wird der Hafen fast nur noch für Sportboote genutzt.
Die alte Segelwindmühle in Lemkenhafen wurde 1787 von Joachim Rahlff erbaut. Hier

Morgendliche Ruhe im Sportboothafen.

Die Segelwindmühle mit dem Müllerhaus.

wurde der Weizen und die Gerste von der Insel zu Grütze und Graupen gemahlen und über den Hafen ausgeführt.
Die Segelwindmühle „Jachen Flünk“ (jagender Flügel), ein Galerieholländer mit Zwickstell wurde 1953 stillgelegt, sie war die letzte von einst 22 Windmühlen auf der Insel. Sie beherbergt nun seit 1961 ein faszinierendes Mühlen- und Landwirtschaftsmuseum und steht unter Denkmalschutz.

Die Schifffahrtslinien der westlichen Ostsee führen dicht an der Insel vorbei, hier ist und war eine genaue Navigation von großer Bedeutung. Deshalb steht an jeder Ecke der Insel, auch „Huk“ genannt, ein Leuchtturm. Die Dänen bauten im Jahr 1831/32 den ersten Leuchtturm, ganz in der Nähe vom Puttgarden-Riff. Dieses wurde auch das „Grab der Segelschiffe“ genannt, denn hier schwankt durch die starke Strömung und dem sandigen Untergrund die Wassertiefe zwischen 2 und 5 m. Der quadratische Turm wurde feierlich und in Anwesenheit der dänischen Königin Marie Sophie Friederike am 28. Oktober 1832 eingeweiht. Der Leuchtturm wurde zu Ehren der Köni-

Leuchturm Marienleuchte, links der neue schlanke Turm und die Spitze des alten Leuchtfeuers.

gin MARIENLEUCHTE genannt. Aber am Gebäude befinden sich die Initialen ihres Gatten, König Friedrich VI., nebst Jahreszahl. Eigentlich ist das Bauwerk gar kein Leuchtturm, sondern ein viergeschossiger Quader mit einem langgestreckten eingeschossigen Wohnhaus mit Krüppelwalmdach. Das Leuchtfeuer diente der Schifffahrt im Fehmarnbelt als Orientierungsfeuer. Da das Bauwerk nicht mehr im besten Zustand war und es dadurch nicht erhöht werden konnte, wurde das Leuchtfeuer auf dem Dach 1967 außer Dienst gestellt. Das Gebäude steht nun unter Denkmalschutz. 1964 wurde etwas nördlich ein 33,1 m hoher, schlanker Stahlbeton-Leuchtturm errichtet. Die Optik aus dem Jahr 1875 wurde vom alten Turm übernommen und erhielt zusätzlich einen roten Warnsektor für den starken Fähr-Querverkehr auf der Vogelfluglinie.

N

In der Nähe von Gammendorf befindet sich eine Gedenkstätte der besonderen Art: das NIOBE-DENKMAL. Hier sank innerhalb von wenigen Minuten in einer nicht vorhersehbarer orkanartigen Gewitterbö (Weiße Bö) in Sichtweite der Insel am 26. Juli 1932 das Segelschulschiff „Niobe“ der Deutschen Kriegsmarine. Die Ursache für den schnellen Untergang des mit vollen Segeln laufenden Schiffes war der Umstand, dass das Wetter bei südöstlichen Winden von etwa 4 Windstärken zuvor noch sehr gut war und alle Luken und Bullaugen zur Lüftung geöffnet waren. An Bord waren über 109 Ka-

Das Niobe-Denkmal wurde am 15. Oktober 1933 feierlich enthüllt.

detten, Offiziere und Mannschaften, davon kamen 69 Seeleute ums Leben.
Der 1913 auf einer dänischen Werft gebaute Viermastgaffelschoner wurde am 21. August 1932 zur Untersuchung gehoben und danach wurde das Wrack im September 1933 nordöstlich der Stolpe-Bank wieder versenkt.

O

Die kleine Ansiedlung ORTH an der Südwestseite der Insel erhielt nach der Sturmflut im Jahr 1872 keinen Schutzdeich. In dem Fischerdorf mit den mit Stroh gedeckten Fachwerkhäusern, gab es einen Kornhändler und Gastwirt, der auf eigene Kosten auf der Westseite des kleinen Hafens einen 2 m hohen Steinwall bauen lies. 1881 wurde ein neuer 174 m langer und 55 m breiter Hafen eingeweiht. Auch eine Fahrrinne ins tiefere Wasser wurde ausgebaggert. So konnten die Frachtschiffe im Hafen mit Getreide beladen werden und auch zwei Fährschiffe verkehrten zwischen Orth und Heiligenhafen.
Die wenigen Fischer hatten nun einen besseren Schutzhafen. Noch heute sind die vielen

Der Orther Sportboothafen im Inselwesten.

sogenannten „Nölck-Felsen“ in der Kaimauer vorhanden.

Der Hafen mit den Speichern ist immer noch der Mittelpunkt des kleinen Ortes. In Form einer Büste steht Kaiser Wilhelm I. seit über hundert Jahren auf der westlichen Mole. Damit wird er als Erbauer des Hafens geehrt. Nach dem Bau der Eisenbahn verlor der Hafen seine Bedeutung und wird heute nur von Sportbooten genutzt.

Die geschützte Orther Reede wird als ideales Surfrevier geschätzt.

P In PETERSDORF steht die stattliche St. Johannis Kirche mit dem höchsten Kirchturm (erbaut 1567) der Insel. Er ist schon aus über 20 Seemeilen von der Ostsee zu sehen. Jeder, der die Kirche betritt, erkennt, dass diese Kirche als einzige der vier Inselkirchen nicht ausgemalt ist. Besonders fällt der spätgotische Schnitzaltar auf, der um 1390 von einer Lübecker Werkstatt angefertigt wurde. Neben Maria und den Aposteln zeigt er die Bildnisse von 13 Frauen. Der Altar gilt als der Schönste des 14. Jhs. im hansischen Bereich.

Der Altar gilt als der Schönste des 14. Jhs. im Ostseeraum.

Von den turmartigen Sakramentshäusern aus mittelalterlicher Zeit sind wenige überliefert. Aus dem letzten Viertel des 15. Jhs. stammt das in der Johanniskirche. Es ist wohl lübischer Herkunft. Der einzigartige hölzerne Aufbau steht auf einer achteckigen Stütze. In dem Untergeschoss sind Relieffiguren von Christi, der Margaretha, Katharina, Dorothea, eines Königs und der Maria mit Kind. Im zweiten Geschoss steht die Figur eines segnenden Bischofs.
Die pokalförmige Kalksteintaufe (um 1280) mit dem achtseitigen hölzernen Taufdeckel (1779) und die Orgel (1434) gehören zu den Kostbarkeiten der Kirche.

Das Sakramentshäuschen aus dem 15. Jh. ist wohl lübischer Herkunft.

Vermutlich hergeleitet vom slawischen „pod“ für „unter“ und „gard“ für Burg wurde der Name Puttgarden. Auch der Name Ohlenborgs Huk weist auf eine Burg hin, die wohl östlich vom heutigen Fähranleger stand. Im Jahr 1198 wurde die Ansiedlung an der Küste im Zusammenhang mit dem ersten Gotteshaus Fehmarns als „capella sanctorum Petri et Pauli“ erstmals urkundlich erwähnt. Die Kapelle war bis zur Errichtung der Landkirchener und Burger Backstein-Pfarrkirchen um 1220 die einzige christliche Andachts-

Der Fährhafen Puttgarden.

stätte. Den Bau hat wohl der dänische König Knud VI. und der Erzbischof von Lund ab 1194 veranlasst. Im Jahr 1644 wurde der Wallfahrtsort durch schwedische kanonenbestückte Großsegler zerschossen.
Bis 1963 war Puttgarden ein Dorf, von dem oft nicht einmal alle Insulaner wussten, wo es lag. Heute ist der Name in ganz Europa ein Begriff, denn hier ist der Ausgangspunkt für den Fährverkehr über den Fehmarnbelt nach Rødby in Dänemark im Verlauf der Vogelfluglinie. Von den Zugvögeln hat die Fährverbindung ihren Namen, die dic kürzeste

Verbindung zwischen Schleswig-Holstein und Südschweden zur Überquerung der Ostsee nutzen. Nicht nur die Zugvögel nehmen diese Route sondern auch Millionen Bahn- und Autoreisende nutzen alljährlich diese schnellste Verbindung zwischen Westeuropa und den skandinavischen Ländern.
Im Frühjahr 1959 wurde mit dem Bau eines modernen Fährhafens begonnen und am 13. Juli 1962 eingeweiht. Für die Molen des Hafenbeckens brachten deutsche und dänische Steinfischer etwa 300.000 t Steine in ver-

Millionen Gäste nutzen die Fähren über den Belt.

schiedenen Größen zur Baustelle. So entstanden eine 630 m lange Westmole und die 820 m lange Nordmole mit massiven Betonköpfen. Die Einfahrt für die heutigen Fährschiffe ist 85 m breit.
Ende des Jahres 1959 wurde für den Bau der Fährbetten ein 340 m langer Damm um die Baustelle mit Stahlträgern gerammt. Das Wasser wurde aus dem Trog abgepumpt und die 130 m langen Fährbetten wurden im Trockenem gebaut. Konzipiert wurden sie nach der einheitlichen Heckform der deutschen und dänischen Fährschiffe. Im 8,5 m tiefen Hafenbecken liegt auch ein riesiger schwimmender Supermarkt. Hier kaufen die Skandinavier vor allem Alkohol in großen Mengen, da der Spirituosenkauf in Skandinavien erschwert ist.
In der Planung ist ein Tunnel unter dem Belt als neue Verbindung nach Dänemark.

S

Wer einmal einen Seenotkreuzer von außen und innen sehen möchte, kann dies am Hafen Burgstaaken. Hier liegt die „Arwed Emminghaus“ mit dem Tochter-

Seenotrettungskreuzer am Hafen Burgstaaken.

boot „Alte Liebe“ auf dem Trockenen als SEENOTRETTUNGSMUSEUM Fehmarn.

Das Schiff wurde 1965 gebaut und war bis Oktober 1985 an der Nordseeküste im Einsatz, danach in der Lübecker Bucht südlich von Fehmarn. Nach etwa 30 Jahren in deutschen Gewässern wurde das Schiff in Island eingesetzt und war bis 2006 nahe Reykjavik im Nordatlantik im Einsatz.

Im Jahr 2013 erwarben drei Fehmarner den robusten 26,66 m langen Kreuzer und erfüllten sich ihren Traum von einem Museumsboot. 2013 wurde die „Arwed Emminghaus“ von einem großen Kran an Land gehoben und steht nun am Hafen für Landratten zur Besichtigung zur Verfügung.

SILOCLIMBING FEHMARN am Hafen Burgstaaken. Es gibt 14 verschiedene Routen um auf den 40 m hohen Silo zu kommen, es ist eine der höchsten künstlichen Kletteranlagen in Europa.

Das Kliff von STABERHUK beim Gut Staberhof ragt als östlichste Spitze der Insel weit in die Ostsee hinaus. Hier wurde erst 1903 aus

Siloclimbing, die höchste künstliche Kletteranlage Europas.

Der Leuchtturm Staberhuk mit Wohnhaus.

gelbem Backstein ein Leuchtturm errichtet und auch das Wohnhaus für den Leuchtturmwärter. Der runde Leuchtturm wurde besonders stark gebaut, denn er sollte das komplette Oberteil mit Laternengehäuse und Optik, Galerie und Geländer des 1902 außer Dienst gestellten alten englischen Leuchtturms von der Nordseeinsel Helgoland tragen. Seit 1904 leuchtet das fast 2,5 m hohe Glasgetüm auf dem 22,6 m hohen Turm von Staberhuk wieder.

An der Westseite des Turmes hielten die gelben Steine den Witterungseinflüssen nicht stand und so wurden sie gegen rote Ziegel ausgetauscht. Im Jahr 1912 kam ein Haus für den zweiten Leuchtturmwärter hinzu.

An der Ost- und Südküste der Insel befinden sich Steilküsten. Sie sind durch brandungsbedingte Abrasion entstanden. Teilweise liegen sehr große Findlinge (Felsblöcke) am Strand. Am STEILUFER BEI KATHARINENHOF sind noch ältere eiszeitliche Ablagerungen (tertiäre Schichten) zu sehen. Es ist graugrüner und oft schon weißer Tarraston aus dem Zeitalter

Teilweise liegen riesige Steine an der Steilküste.

des Eozän. Auf angebotenen geologischen Strandwanderungen werden die verschiedenen Steine und Funde erklärt, z. B. Feuerstein (ist das häufigste Gestein), Faserkalk (gelblich bis schmutzig), Skolthos-Sandstein (weißgrau bis gelblich), Donnerkeile (sind bernsteinfarben und radialstrahlig aufgebaut), Seeigel (liegen fast immer in Feuersteinerhaltung) und Hühnergötter (kleine Feuersteine mit Loch).

Das erste Leuchtfeuer am STRUCKKAMPHUK stand 1872 auf einem hohen Holzgerüst. Erst 1896 wurde ein 5 m hoher achteckiger Turm

Die Steilküsten sind Schatzkisten für Sammler.

Der Leuchtturm Strukkamphuk dient als Richtfeuer für das Fahrwasser im Sund.

aus Eisen errichtet. Dieser wurde 1935 durch einen weißen runden Betonturm ersetzt. Das Leuchtfeuer dient als Unterfeuer für die Richtfeuerlinie, die den Schiffen die Durchsteuerung der engen Baggerrinne Fehmarnsund von Osten ermöglicht und zeigt einen Warnsektor für die Lemkenhafener Wik.

Ornithologen kommen im eingedeichten Naturschutzgebiet SULSDORFER WIEK, einem Süßwassersee zwischen Sulsdorf und Orth, auf ihre Kosten. Die kleine Meeresbucht an der Südwestecke wurde 1874 nach der großen

Sturmflut (1872) durch einen Deich von der Orther Reede abgetrennt. Danach gab es hier eine Karpfenzucht. Mitte der sechziger Jahre wurde die Fischzucht unrentabel und schließlich aufgegeben.
Das Gebiet ist von einem breiten Schilfgürtel umgeben und Lebensraum für eine Vielzahl von Tier- und Pflanzenarten. Die Tiere sind vom Deich aus zu beobachten.

Es ist egal, woher der Wind weht. Im Westen, Norden oder Süden findet sich immer ein

Von einem Schilfgürtel umrahmt die Sulsdorfer Wiek.

Ein Höhepunkt des Jahres: Das Mercedes-Benz Surf-Festival am Südstrand.

perfekter Platz zum SURFEN. Das Windsurfen auf der Insel – das Revier ist auch bekannt als „Hawaii Deutschlands“ – wurde in den Siebzigerjahren durch Jürgen und Manfred Charchulla populär. 1975 eröffneten die „Surf-Zwillinge“ die erste Surfschule in Burgtiefe am Südstrand. Rund um die Insel gibt es mehr als zehn Surfreviere. Bei jeder Windrichtung steht mindestens ein Revier zur Verfügung.

Bei Süd- und Westwind gilt die Orther Reede als bestes Surfrevier Deutschlands.

T Nicht nur auf der Insel Fehmarn galten in früheren Zeiten die Tauben als Delikatesse. So wurden für die Haltung prächtige TAUBENHÄUSER, aufgestellt, wie z.B. vor dem Mühlenmuseum in Lemkenhafen. Die Häuser wurden zum Schutz vor Katze, Marder, Iltis und Wiesel auf Pfähle gestellt. Da jedoch auch für Futter gesorgt werden musste, waren die Besitzer meistens wohlhabende Bauern, denn ein Taubenpaar frisst im Jahr doch viele Getreidekörner. Als Gegenleistung lieferten die Tauben den Kot, der als ein wichtiger Rohstoff für die Gerberei diente.

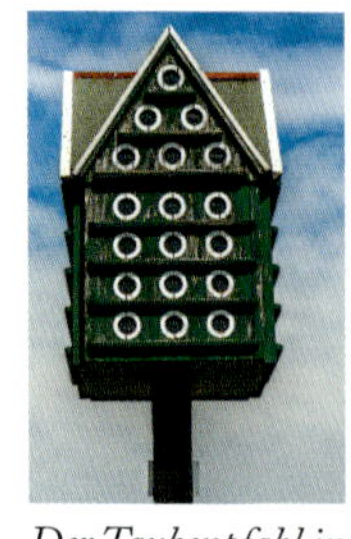

Der Taubenpfahl in Lemkenhafen.

In Staberdorf wurde ein THINGPLATZ (oder Thingstätte) rekonstruiert. Thing ist die germanische Bezeichnung für Volks- und Gerichtsversammlung. Hier saßen früher die Vertreter eines Dorfes zusammen und trafen die Entscheidungen, für das jeweilige Dorf.

U

Am Hafen von Burgstaaken kann ein freistehendes U-BOOT seit 2005 als Museumsschiff von außen und innen besichtigt werden. Das von der Bundeswehr ausgemusterte „U11" der Klasse 205 wurde 1966 durch die Kieler Howaldtswerke AG. gebaut und 1968 von der Bundesmarine in Dienst gestellt. Nach 177.898 Seemeilen wurde es zum Unterwasserdarstellungsboot umgebaut. Weil die Technik veraltet war, wurde das 560 t schwere U-Boot nach 35 Jahren ausgemustert. Auch die Dieselmotoren waren nicht mehr zeitgemäß.

Das U-Boot hatte einst 22 Mann als Besatzung.

Zusätzliche Informationen zu deutschen U-Booten und deren Geschichte in der Nachkriegszeit gibt es im Ausstellungspavillon.

W

Das heutige Wasservogelreservat WALLNAU ist ein ehemaliges Teichgut. In jüngster historischer Vergangenheit (1864–1974) wurde dieses Gebiet mit einem Sommerdeich von der Ostsee abgetrennt und die darin eingeschlossene Strandsee-Ebene von verschiedenen Eigentümern wirtschaft-

Informationszentrum im Wasservogelreservat.

lich genutzt. Hier an den Seen der jahrtausendalten Vogelfluglinie machten stets Scharen von Wasservögeln Rast oder hatten hier auch ihre Brutplätze. Auch für die ziehenden Landvögel bildet Fehmarn als vorgeschobener Brückenkopf einen wichtigen Rastplatz. Wahrscheinlich überfliegen hier von den etwa 500 Millionen von und nach Skandinavien fliegenden Vögeln um die 100 Millionen die Insel.

Nach vielen Bemühungen erfolgte am 23. Dezember 1977 die Ausweisung als Naturschutzgebiet.

In diesem international bedeutsamen Feuchtgebiet sind die auffälligsten Lebewesen zweifellos die Vögel. Während im Frühjahr die nach Skandinavien nordwärts strebenden Zugvögel hier noch rasten, beginnen die nach Wallnau heimgekehrten Brutvögel zu balzen. Die interessierten Besucher können im fast 300 ha großen Gelände, häufig sogar aus nächster Nähe, die Tiere in dafür errichteten „Hides“ (Beobachtungshütten) beobachten. Ein Aussichtsturm ermöglicht sogar weite Blicke.

An der Nordwesthuk bei WESTERMARKELSDORF wurde ab 1881/82 die Insel durch einen Leuchtturm gesichert, er weist der Schifffahrt als Orientierungs- und Warnfeuer den Weg durch den etwa 19 km breiten Fehmarnbelt, zwischen dem dänischen Lolland und der Insel Fehmarn. Der nur 10 m hohe backsteinerne Turm am Hakenorth stand geduckt hinter dem Deich, er überragte das Leuchtturmwärterhaus nur wenig. Darum wurde der Turm 1902 auf 17,7 m aufgestockt.
Heute steht der achteckige Turm unter Denkmalschutz. Die Gebäude in der Nähe

Der achteckige Leuchtturm in Westermarkelsdorf.

Der Nachbau eines Großsteingrabes in Wulfen.

des privaten Wohnhauses am Leuchtturm dienen der Meteorologie.

Ein steinzeitliches Gräberfeld mit Großsteingräbern aus der Zeit um 3600 bis 3200 v. Chr. befand sich am WULFENER BERG. Die langeckigen Gräber die von einem Erdhügel bedeckt waren, bezeichnet man als Großsteingrab. Jedoch wurden die großen Steine in der Zeit um 1830 von sogenannten Steinschlägern zerschlagen und als Baumaterial veräußert, so ist von den bedeutenden Originalgräbern nichts mehr vorhanden.
Heute steht hier ein Nachbau des Langbettes, für den Bau diente eine Zeichnung, die D. Harries von einem damals noch gut erhalte-

nen Langbett angefertigt hatte, das auf der Salzwiese unterhalb des Wulfener Berges lag.

Im geschützten Burger Binnensee liegt der von Arne Jacobsen konzipierte YACHTHAFEN BURGTIEFE. Im größten Schiffsliegeplatz auf Fehmarn für private Schiffe sind über 600 Anlegestellen vorhanden. Er ist damit der größte von den fünf Yachthäfen auf der Insel.

Die neue 1,4 km lange Flaniermeile am Binnensee überzeugt mit Hafenflair. Auf Holzbohlen kann man gemütlich bummeln und

In Burgtiefe ist der größte Yachthafen auf der Insel.

die vielen Wasservögel beobachten oder sich die schönen Segelboote anschauen. Für jeden Gast wird etwas geboten, von einer Dünenlandschaft, Spielplätzen, einem Hafenplatz bis hin zu einem 18,5 m hohen Aussichtsturm.

Literatur

Barth, M./Pump, G.: Ostseeinsel Fehmarn, Husum 2015

Brumm, D./Pump, G.: Leuchttürme und Seezeichen, Husum 2007

Dehio, Georg: Handbuch der Deutschen Kunstdenkmäler, Deutscher Kunstverlag 1971

Klahn, Karl-Wilhelm: Die erste Inselkirche für nordische Pilger.

Klahn, Karl-Wilhelm: Fehmarn eine Insel im Wandel der Zeiten. Neumünster

Rad- und Wanderkarte Fehmarn, Ilmenau 2018

Wiepert, Peter: Fehmarn – Die Krone im blauen Meer.

Zemke, Friedrich-Karl: Deutsche Leuchttürme, Herford

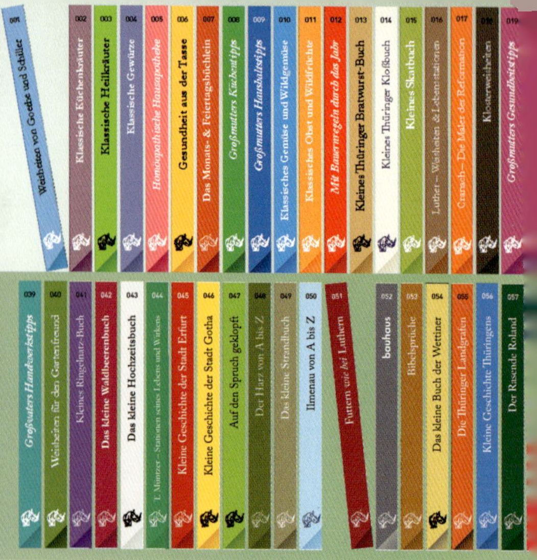

- 001 Weisheiten von Goethe und Schiller
- 002 Klassische Küchenkräuter
- 003 Klassische Heilkräuter
- 004 Klassische Gewürze
- 005 *Homöopathische Hausapotheke*
- 006 Gesundheit aus der Tasse
- 007 Das Monats- & Feiertagsbüchlein
- 008 *Großmutters Küchentipps*
- 009 *Großmutters Haushaltstipps*
- 010 Klassisches Gemüse und Wildgemüse
- 011 Klassisches Obst und Wildfrüchte
- 012 *Mit Bauernregeln durch das Jahr*
- 013 Kleines Thüringer Bratwurst-Buch
- 014 Kleines Thüringer Kloßbuch
- 015 Kleines Skatbuch
- 016 Luther – Weisheiten & Lebensstationen
- 017 Cranach – Die Maler der Reformation
- 018 Klosterweisheiten
- 019 *Großmutters Gesundheitstipps*
- 039 *Großvaters Handwerkstipps*
- 040 Weisheiten für den Gartenfreund
- 041 Kleines Ringelnatz-Buch
- 042 Das kleine Waldbeerenbuch
- 043 Das kleine Hochzeitsbuch
- 044 T. Müntzer – Stationen seines Lebens und Wirkens
- 045 Kleine Geschichte der Stadt Erfurt
- 046 Kleine Geschichte der Stadt Gotha
- 047 Auf den Spruch geklopft
- 048 Der Harz von A bis Z
- 049 Das kleine Strandbuch
- 050 Ilmenau von A bis Z
- 051 Futtern *wie bei* Luthern
- 052 bauhaus
- 053 Bibelsprüche
- 054 Das kleine Buch der Wettiner
- 055 Die Thüringer Landgrafen
- 056 Kleine Geschichte Thüringens
- 057 Der Rasende Roland

Komplettes Programm
im Internet: shop.vggh.de

Neuerscheinungen i